LE RÉVEIL

DE

LA FRANCE

Bruxelles. — Imprimerie de A.-N. Lebègue et Cᵉ, 6, rue Terrarcken.

LE RÉVEIL

DE

LA FRANCE

PAR

H. BOST

———

BRUXELLES

OFFICE DE PUBLICITÉ

IMPRIMERIE DE A.-N. LEBÈGUE ET COMPAGNIE

TERRARCKEN, 6

—

1871

CHAPITRE I

VINGT ANS DE TORPEUR.

On parle beaucoup de la décadence de la France, en Allemagne surtout, et des personnes, qui prennent peut-être leur désir pour la réalité, se plaisent à présenter cette décadence comme irrémédiable.

Irrémédiable est bientôt dit, mais on ne dispose pas ainsi de l'avenir d'un peuple.

Notre proverbe : « Ni jamais, ni toujours » est applicable à ces politiques qui prétendent traiter la nature humaine comme un problème d'algèbre, oubliant de faire sa part à l'imprévu.

Je voudrais montrer ici, contrairement au jugement exprimé plus haut, que si les malheurs qui nous accablent sont le résultat de nos fautes, la manière dont nous les supportons atteste un relèvement moral aussi réjouissant qu'inattendu.

I

Avant tout, il est nécessaire de bien voir tout l'ensemble de la situation. Le moment est venu de régler avec nous-mêmes le compte, le dur compte de nos déficits.

« Voyons sans indulgence » l'état réel des choses : le relèvement est à ce prix. Nous avons, pendant vingt ans, oublié de vivre, et cette torpeur nous a mis dans un état d'où nous ne pourrons sortir que par des effort immenses.

Je n'oublie pas que l'état d'un peuple dépend à chaque instant de tout son passé, de sorte qu'on ne peut pas, en bonne philosophie, séparer complétement une période de celles qui l'ont précédée. Toutefois ces vingt dernières années ont un caractère distinct, elles se laissent sans trop de peine considérer à part ; et, tout compte fait, elles laisseront dans tout cœur français les souvenirs les plus mortifiants.

La leçon que nous n'avons pas su apprendre quand parlait la voix de l'honneur ou de la conscience, les éclats de la foudre se chargent de nous l'apprendre aujourd'hui : nos villages en feu, nos campagnes ravagées, nos défaites, nos familles en deuil, notre amour-propre national froissé, nous disent éloquemment à quoi s'expose un peuple quand il consent à n'avoir aucune tenue et aucune liberté. Le festin de Balthazar de l'empire se termine par le plus effroyable effondrement dont parle l'histoire. La main qui traçait sur les murs de Babylone le mystérieux : *Mene Thecel Pharès*, a écrit sur nos murailles à nous, Wörth, Sedan, Metz, et ces mots sont plus effroyables que les autres.

Sauf quelques hommes en Allemagne, mieux renseignés que personne, nul ne pouvait prévoir les revers foudroyants qui allaient accabler la France. Cependant il n'était pas nécessaire d'être prophète pour voir qu'elle se préparait mal.

Il suffisait d'avoir une connaissance, même très-superficielle, de la situation respective des deux gouvernements.

D'un côté, pas de bruit, peu de paroles, mais beaucoup d'action, du travail, de la probité, une attention constamment tendue vers le but; de l'autre, beaucoup de tapage, mais peu de réalité, de la forfanterie, du gaspillage, l'attitude d'une puissance de premier ordre qui aspire à descendre. On devait s'attendre sinon à tout ce qui est arrivé, du moins à quelque chose d'approchant. La légèreté brutale avec laquelle nos politiques ont engagé la guerre était elle-même la conséquence de vingt ans d'abdication morale.

Il est de mode, aujourd'hui qu'il est tombé, de faire peser sur l'Empereur toute la responsabilité de ces terribles événements. Nous n'allons certes pas déposer la moindre fleur sur la tombe où il s'est enterré tout vivant : la part qui lui incombe est toujours assez lourde. Mais il importe de rappeler que cette responsabilité est très-partagée. Nous sommes tous, à des degrés divers, solidaires de ce qui s'est passé, même ceux qui n'ont cessé de mépriser et d'exécrer le régime impérial.

Un conspirateur de profession se croit appelé

à sauver la France, et pour arriver à ses fins il ne recule devant rien : comme certain autre personnage de notre connaissance, il croit que « la force prime le droit » et il fait *le 2 décembre,* cette œuvre ténébreuse où les crimes ne peuvent ni se compter ni se mesurer. Et par la plus inconcevable aberration, le pays qui venait de subir cette violence y donna sa sanction, et l'a renouvelée même à diverses reprises.

Le jour où nous l'avons fait, le génie de la France s'est couvert d'un voile qui ne s'est plus levé jusqu'à ces derniers temps. La nation avait fait un pacte avec la honte. Elle se rayait elle-même de la carte des vivants pour se ranger parmi les morts.

Ce n'est jamais impunément qu'un peuple joue un tel jeu.

Absoudre un homme qui se présentait tout ruisselant de crimes, c'était entrer en complicité avec lui. On peut parler de la *surprise* du 2 décembre, et l'on n'a pas tort. Mais à la surprise a succédé le calcul, et même — cachons-nous pour le dire — la reconnaissance des classes bourgeoises. Oui ; leur reconnaissance ! On avait trouvé un sauveur, un élu de la Providence, qui avait terrassé l'hydre de l'anarchie. — Et le peuple, de son côté, las des périls glorieux de la liberté, se mettait à genoux devant le despotisme.

Il n'y a que le premier pas qui coûte. Une fois accompli le sacrifice de la fausse honte et de la pudeur, on n'avait plus, de part et d'autre, à se gêner de rien. La nation abdiquait de parti pris toute vie politique. Elle donnait plein pouvoir au maître et se débarrassait, quant à elle, de tous les soucis de la liberté! Les issues de son activité étant fermées par en haut, il lui restait les issues d'en bas. Elle s'y jeta comme si elle n'avait fait que cela toute sa vie.

Soyons de bon compte : nous avons donné au monde un spectacle fait pour éloigner de nous son estime avec la nôtre. Sauf quelques exceptions dont il sera parlé plus loin, la France aurait pu disparaître que le monde ne s'en serait pas beaucoup plus mal trouvé! Quel bien avons-nous fait? quels grands noms ont surgi, de ces noms qui sont l'honneur et la consolation d'un peuple? quels travaux, quelles écoles ont signalés cette triste époque? quels savants, quels artistes, quels guerriers, quels orateurs, quels hommes d'État? Rien. La servitude comme un vent du désert avait tout frappé de stérilité. S'il y a aujourd'hui quelques hommes marquants, la plupart d'entre eux appartiennent au régime antérieur. Ce sont des vieillards dont les tristesses du temps présent n'ont pas amorti l'ardeur : je ne sais pas voir au service de l'empire un seul nom qui ne soit une honte au lieu d'être un honneur. Sitôt qu'il se produisait une personnalité quelque peu accusée, ou bien on cherchait à la suborner, ou bien elle était traitée en suspecte et tenue à distance.

Nous avions un régime intérieur qui, pour la liberté, nous mettait dans les derniers rangs des nations européennes. Ce n'est pas assez dire, car certaines de nos institutions, bonnes peut-être pour les monarchies de l'Orient, faisaient tache en Europe, même à côté de l'Autriche ou de l'Espagne. Il n'était pas absolument rare d'entendre des Français se vanter d'un tel régime, comme si la liberté était le fait de gens grossiers, froids, sans passion. " Avec notre tempérament vif et bouillant, il faut une main forte pour nous gouverner. Nous sommes trop remuants pour avoir la liberté. "

Braves gens qui ne voyaient pas qu'ils faisaient à leur pays le plus sanglant outrage, en le vouant à une enfance éternelle.

Il nous fallait donc une main forte, et nous en avons assez senti le poids, de cette main forte. Nos libertés les plus précieuses, celles de la presse, par exemple, et des réunions, étaient mesurées avec une parcimonie savante, réglées avec un arbitraire qui restera la honte du régime, et de la France, qui l'a souffert. Avec quelle adresse nos légistes — que leur nom devienne une injure! — se donnaient l'air d'accorder ce qu'en réalité ils refusaient! Les lois étaient conçues en termes élastiques pour permettre à l'autorité de les appliquer à sa guise. Ainsi la loi, qui devrait être toujours sereine et pure, comme l'expression de la justice, était rabaissée au rang de servante complaisante du pouvoir. Tout devait descendre au niveau de l'universelle platitude.

Si les lois étaient complaisantes, les magistrats ne l'étaient pas moins. Ombres vénérables des l'Hopital et des d'Aguesseau, qui eût cru que la justice deviendrait à ce point vénale dans le pays que vous avez illustré?

Encore cette vénalité était-elle le moindre péché de notre magistrature. Innocenter les coupables, rendre coupables des innocents, c'étaient là des passe-temps assez agréables. Aux grands jours, on faisait éclater à point une bonne petite conspiration. On réchauffait de vieilles bombes pour la circonstance, et on faisait de l'éloquence à tour de bras sur « l'exécrable attentat d'un forcené. » Les

uns sont payés pour accuser, les autres pour con-
damner. Ces services sont tarifés. Une misère :
quelques milliers de francs. C'est pour rien !

A en croire certaines révélations posthumes de
l'empire, la magistrature ne craignait pas de laisser son hermine traîner parfois dans les sentiers
les plus fangeux. Au fait, pourquoi se serait-elle
gênée? Le pouvoir avait besoin d'abjection, le
public ne la craignait pas. Allez, la voie est libre ;
roulez jusqu'au fond.

Du plus au moins — sauf les exceptions, bien
entendu — il en était ainsi de tout ce qui mani-
feste la vie nationale. Preuve évidente que le mal
était non pas dans telle ou telle institution ou
dans les hommes qui la composaient, mais dans la
nation elle-même. Quel souffle empesté avait donc
passé sur nous? Nous n'avions plus foi à rien
qu'aux écus et aux plaisirs. Pas de feu sacré, pas
d'enthousiasme pour quoi que ce soit. Notre jeu-
nesse s'élevait dans les cafés, n'apprenant rien,
sans pensée et sans volonté, sans généreuse ambition. La carrière était ouverte, non pas devant les

talents et les hommes supérieurs, mais devant les courtisans à l'échine flexible. Il fallait aux jeunes gens une rare mesure d'énergie pour conserver leur indépendance tout en cherchant à réussir. Et comme cette énergie est en effet le partage du petit nombre, l'immense majorité consumait inutilement sa vie dans l'indolence ou dans l'occupation la plus terre-à-terre du gagne-pain.

Dans la masse de la nation, une atonie complète. Jugez-en par l'incroyable soumission que l'on a partout montrée vis-à-vis de l'arbitraire de toutes les autorités. Les paysans ne comptent pas, ils ne se comptent pas eux-mêmes au nombre des citoyens ayant des droits civils. Leur droit et leur devoir, c'est de labourer la terre, de vendre leurs produits, et d'obéir à l'autorité qui les commande. Et les bourgeois, en général, ont cru bien faire d'éviter toute ingérence dans les affaires du pays. Pas de politique surtout. Un bon citoyen laisse faire le gouvernement.

On n'a rien vu, on ne peut rien voir de plus écœurant ! Que penser d'un peuple intelligent et puissant, disant de ses propres affaires : Cela ne me regarde pas !

Hé si, niais que vous êtes, cela vous regarde. Tous vos intérêts y sont engagés, même ceux

auxquels vous sacrifiez tout, même votre boutique
et votre pot-au-feu , et les petites économies que
vous avez confiées à votre gouvernement, et votre
tranquillité béate. Vous donnez à merci à un
homme tous vos intérêts les plus élevés, pour qu'il
en fasse litière, et vous pensez qu'il respectera les
autres ! Si l'égoïsme n'avait pas une vue de taupe,
vous auriez compris que cette sordide apathie
d'aujourd'hui était la ruine pour demain.

Le mal existait déjà dans le cœur de la nation,
mais le gouvernement travaillait de son mieux à
le développer. On dirait qu'il fît une guerre sys-
tématique à la dignité des caractères. Les généreux instincts du caractère national étaient comme
étouffés de parti pris. Il est vrai que la richesse
publique se développait sur une large échelle. Ce
n'est assurément pas une petite chose. Mais à
quel prix l'achetions-nous? A quoi bon devenir
riches si nous perdions tout ce qui donne du prix
à la richesse? Nous avons eu une course au clo-
cher vers les honneurs, l'argent, les places, les
décorations. Pour les obtenir, tous les moyens
étaient bons. Heureusement pour la croix d'honneur qu'elle était encore donnée de temps en
temps au mérite réel, autrement on l'aurait ap-
pelée la croix de déshonneur. J'ai lu quelque part

que tous les ans il y avait quelque 100,000 postulants qui la réclamaient.

Et aujourd'hui, ces biens amassés, ces honneurs, où sont-ils? Ah! si nous n'avions pas le cœur broyé par la souffrance, nous trouverions comme une austère et douloureuse satisfaction à cette revanche que vient de prendre la loi morale. Elle trône sur les ruines de cet édifice élevé par l'égoïsme, et apprend une fois de plus au genre humain qu'on ne fonde rien contre elle ni sans elle. Un peuple comme un individu vit par la foi, par la foi à de grandes et belles choses, au vrai, au bien, au devoir rempli, à la liberté, à la justice. Sans cette foi, il n'a plus de ressort, il s'affaisse sur lui-même, il dépérit.

A la longue, le plus sûr moyen de perdre tous les biens matériels, c'est de les chercher seuls. Et, au contraire, nous pouvons dire hardiment, en modifiant quelque peu les paroles de l'Évangile : Cherchez premièrement la justice, la liberté, le développement des caractères, et tout le reste vous sera donné par-dessus.

III

Mais revenons. Les hommes « pratiques », les hommes « positifs » avaient donc abandonné aux mauvais citoyens, aux révolutionnaires, la discussion des problèmes sociaux ou politiques, et aux rêveurs, la philosophie et tout ce qui lui ressemble. C'était parfait : quant à eux, ils gagnaient de l'argent, et vivaient au mieux avec les autorités.

Grâce à ce manque de vie publique et de contrôle par tout le monde, se développa ce monstrueux système d'administration dont les vices se sont subitement découverts, à notre grand effroi et pour notre ruine.

Pour notre armée notamment, le désordre a été

prodigieux Qui de nous n'a frémi d'horreur en voyant dans les papiers secrets à quel point notre armée était dépourvue de munitions, d'armes, de bagages, de pain, de tout. Et pourtant nous avions payé, Dieu merci! des budgets assez ronds pour cette armée.

Bourreaux de la France, où passaient-elles, ces sommes énormes que l'on vous confiait? Cet argent, péniblement amassé par nos travailleurs, il devait assurer notre repos, notre prospérité, la sécurité et la vie de nos soldats en temps de guerre. Qu'en avez-vous fait? Quelles mains criminelles l'ont détourné de sa destination?

Les journaux de Paris nous parlaient des bals de la cour et de leurs splendeurs, et nous racontaient les magnifiques toilettes de ces dames. Il suffit; ne cherchez pas ailleurs. Ces colliers de diamants, ces toilettes étincelantes, c'est la vie de nos soldats, ce sont nos forteresses forcées et nos armées en fuite.

Un pays conquis ne serait ni plus rançonné, ni plus maltraité que nous ne l'avons été par cette bande d'exploiteurs que nous avions à notre tête. Voilà pour le vol.

Quant au mensonge, il était à l'ordre du jour, dans tout le pays officiel et ailleurs aussi.

Avez-vous vu à quelle hauteur s'élevait le mensonge officiel après nos premiers revers? Non, rien n'en peut donner une idée. La réalité défie les efforts d'une imagination honnête. Jamais charlatans de foire n'ont eu une audace ou une impudence comparable. Le souvenir même en est oppressif; et quand on pense que ces mensonges avaient pour objet de sauver une dynastie, aux dépens d'une nation, on se sent pris de vertige devant de telles profondeurs de fausseté et d'infamie.

Malheureusement le mal n'était pas confiné au gouvernement seulement. On aurait pu croire que le sentiment du vrai avait abandonné la France. Vous rappelez-vous ces contes bleus que plusieurs de nos grands journaux nous servaient pendant tout le commencement de la guerre? Le *Figaro* et le *Gaulois* notamment s'étaient fait une spécialité dans ce genre. Chaque matin l'Europe apprenait que nous avions remporté d'étonnantes victoires, à la suite desquelles l'ennemi avançait toujours. Le mal qu'ils nous ont fait, ces faux monnayeurs du journalisme, est incalculable. Nous étions, à ce qu'il paraît, un peuple de gobe-mouches, d'ignorants à qui on pouvait faire croire toutes les bourdes imaginables. Nous l'étions, mais ces journaux l'ont dit, l'ont montré à toute l'Europe, en nous couvrant d'un ridicule ineffaçable. Comme honte, cela nous a valu plusieurs batailles perdues.

Dans un pays où l'on aurait la virile habitude de vouloir la vérité, de tels journaux eussent été impossibles; du jour où l'on aurait découvert la fraude, ils n'eussent plus trouvé un seul lecteur.

Mais l'esprit de mensonge qui accompagne toujours le despotisme avait porté ses fruits.

Peut-être a-t-on trouvé à Paris que « c'étaient de bien bonnes farces. » Aujourd'hui on ne s'y paierait probablement plus de cette monnaie.

Faut-il ajouter autre chose encore, une chose qui est peut-être la source de tous nos maux beaucoup plus que nous ne le pensons ?

Cette même mollesse que la France opposait en politique aux empiétements du pouvoir, elle l'apportait aussi dans les questions religieuses.

Elle se livre sans défense à toutes les machinations de ce parti qui ne voit jamais que les intérêts de sa domination. *Perindè ac cadaver*, c'est sa devise. Obéissez, cédez, faites-vous les instruments dociles de nos desseins, quels qu'ils soient.

Obéissance servile en religion, obéissance servile en politique, ce sont deux sœurs; où l'une est, l'autre n'est pas loin.

Et à ce peuple français qui mourait de marasme, d'atonie, faute de grand air , faute d'idées, faute de souffle moral, on sert, pour le refraîchir , des fanfreluches comme l'Immaculée-Conception, ou l'infaillibilité du pape. De proche en proche tout le clergé tourne à l'ultramontanisme. La France, cela devenait le jésuitisme.

C'était bien la peine de s'appeler la France et de s'appeler Paris, c'était bien la peine d'être la terre classique où la démocratie travaille en permanence à préparer l'avenir, pour abdiquer honteusement dans les bras de ce parti !

Tout le reste à peu près était à l'avenant. Point de mouvement en politique, donc rien de viril et de grand dans les conseils du gouvernement.

Alors, pour occuper l'esprit public, nous avons eu non pas les luttes littéraires, philosophiques ou politiques des générations précédentes , mais Rigolboche, mais Thérésa : — mais les jeux de bourse, les courses de chevaux et les haut faits du capitaine Boum. J'allais oublier le petit journal à un sou, et les scéances orphéoniques perfidement jetées au peuple comme un appât qui devait le détourner de la politique.

Eh bien, je dis que c'est là la hònte, la vraie honte, plutôt encore qu'à Sedan ou à Metz. Vaincus, nous l'avons été il y a vingt ans, dans les conditions les plus honteuses. Ces souvenirs m'oppressent et m'obsèdent. Être vaincus par le nombre, par la tactique, par l'artillerie, par un ennemi qui est armé jusqu'aux dents, quand nous ne l'étions pas, c'est une demi-honte et un demimal. Mais être vaincus par un homme seul, par un conspirateur, dans un guet-apens, avec une bande de malfaiteurs que le pays lui-même a fournis, accepter cet état de choses et se laisser traîner pendant vingt ans à la suite de ce triomphateur qui fait de la France l'instrument de ses dessins, voilà de quoi nous devons garder un souvenir à jamais douloureux. Les victoires écrasantes des Prussiens ne font que manifester un état de faiblesse et de maladie, une plaie intérieure qui nous rongeait depuis longtemps. C'est notre lâcheté qui a fait leur force.

IV

Nous pourrions préciser les traits de ce tableau en citant quelques noms propres : et nous verrions que, si criminelles qu'aient pu être certaines personnalités, la France n'a pas le droit de se soustraire à toute responsabilité.

C'est ici le cas de dire que nous n'entendons pas, dans ces quelques pages, exprimer un jugement complet sur le règne de Napoléon. Quelque mal qu'on en puisse penser et dire, il a eu ses moments de grandeur. La domination de l'Autriche brisée en Italie, la liberté plus grande donnée au commerce, voilà deux événements, entre autres, qui, dans notre opinion, compensent bien des fautes.

Nous ne croyons pas non plus que Napoléon ait *voulu* tout le mal qu'il a fait, ou qu'on a fait en son nom. Mais toute situation a sa logique. Pour parvenir au pouvoir, il s'est montré complétement indifférent sur le choix des moyens. Le parjure, la violation des serments les plus solennels, la corruption, les assassinats en grand, les violences commises sur les hommes les plus considérables de la France, il n'y a vu qu'une simple « illégalité » à l'aide de laquelle il allait rentrer dans « le droit. » De là une tache de sang que rien ne pouvait effacer.

« La mer y eût passé sans laver la souillure. »

Les honnêtes gens éprouvaient à le servir une répugnance toute naturelle, et qu'il n'était peut-être pas même en état de comprendre. Quelques-uns ont fait taire leurs scrupules, dans l'espoir de racheter par leurs efforts les inconvénients du système. Mais, la plupart du temps, il a eu près de lui des hommes qui lui ressemblaient sous ce rapport.

Pour se les attacher, il fallait passer par-dessus de nombreuses peccadilles que, en d'autres temps, on eût qualifié autrement. Ceux-ci, de leur côté, qui avaient tant de choses à se faire pardonner, ne devaient pas être trop rigoureux envers des subordonnés qui auraient pu parler. De là un immense réseau de complicités que l'on n'a pas voulues pour elles-mêmes, mais qui étaient, nous l'avons dit, dans la logique de la situation.

Un homme s'est particulièrement identifié avec le second empire, et en reflète fidèlement le caractère, M. Rouher.

Nul ne pourra lui contester un talent de parole extraordinaire. Orateur, non. Il faut pour cela du *pectus*, une âme capable d'enthousiasme. Il faut un cœur qui tressaille aux grandes causes, une parole qui remue les noblesses et les profondeurs de l'âme. Or, ce qui m'a toujours frappé dans l'attitude de M. Rouher, c'est l'absence totale de cet ordre de faculté. C'est un vrai phénomène, une monstruosité, pourrait-on dire, en langage scientique. D'autres hommes montrent dans leur abjection certains retours de sentiment moral. On dirait que chez lui, comme chez son maître, la corruption soit arrivée à l'état naïf. Pas plus de pudeur qu'une bête. Un avilissement sans bornes, une effronterie de mensonge qui désarme la colère par son excès même et ne laisse place qu'au mépris. Des attributs constitutifs de l'humanité, il en est un qui paraît lui manquer absolument. C'est l'idiotie de la conscience au milieu d'un remarquable développement de plusieurs facultés intellectuelles. Tromper le public, le mener à des entreprises inavouables, par le mirage de la gloire ou de l'intérêt, dire ce que l'on sait être faux, faire dévier les discussions, se tirer d'affaire en se jetant par côté et obtenir les applaudissements d'une majorité vendue, c'est toute son œuvre! Et qui pourra dire à quel point ce venin a pénétré dans la société!

Il ne faut pas dire que M. Rouher ait été par son absence totale d'honneur politique un homme trop exceptionnel pour qu'on puisse en faire un reproche à la France. Un peuple qui a le suffrage universel est responsable de son gouvernement. Il est monté jusqu'aux marches de ce trône où siégeait déjà cette autre exception à la nature humaine ordinaire, et s'il s'y est maintenu longtemps sans que la conscience publique ait songé à le renvoyer, ce n'est pas que les occasions aient manqaé : ce n'est pas que le public n'ait été averti. Mais il était, avec l'autre, une main ferme. Nous avions besoin d'ordre, nous avions en lui une garantie contre les entreprises des socialistes. Et la nation a laissé faire.

Elle s'est prêtée, du reste, à cette domination de M. Rouher, par les votes de sa chambre haute.

Voyez, près de lui, ces sénateurs imbéciles qui ne savent qu'applaudir aux plus viles flagorneries, et qui font de leur empereur une manière de demi-dieu dont on accepte toutes les volontés presque sans les discuter. D'où viennent-ils ? quel sol les a fait naître ? Pas d'autre que le sol français.

Et dire que ces solennels personnages, au milieu de leur pédantisme, ont failli nous faire mourir de rire. C'était après Sedan. La justice du peuple venait de disperser la bande des exploiteurs. Le Sénat se réunit et avise. Que faut-il faut-il faire pour sauver la position ? « Rester assis comme les sénateurs romains sur nos chaises curales, et attendre le poignard du peuple ? Oui, oui. C'est ici qu'il nous serait doux de mourir. Mais... mais le peuple ne viendra pas nous poignarder. Il passera à côté de nous sans nous voir. On ne nous touchera pas plus que des momies ! » Désolation. Tableau.

Ne craignez pas, vénérables personnages. En effet, le peuple vous a prêté l'attention que vous méritiez : allez reposer sous vos moelleux édredons et ne péchez plus désormais.

Au milieu des angoisses atroces de Sedan, la

scène était d'un comique qui aurait déridé les morts.

Continuons cette funeste procession. Nous avions encore une chambre de représentants. Elle nous rappelle d'abord les nombreux escamotages du suffrage universel et le dévouement de MM. les députés. On parlait autrefois de la « chambre introuvable. » Elle était retrouvée. Dites-nous quels intérêts elle a servis, quel mal elle a empêché, quelles nobles idées elle a fait germer dans notre pays. Quelles influences ont présidé à ses résolutions ? La clique de l'empereur était la claque de M. Rouher. Les honnêtes gens étaient consternés de voir quel peu de prise avaient sur une assemblée française les appels à l'honneur, à la vérité, a la dignité, à l'indépendance. Ces appels paraissaient séditieux. La fierté des convictions semblait inconstitutionnelle. Il n'y avait place que pour une personnalité. Les autres étaient non avenues, quand elles n'étaient pas traitées comme rebelles.

D'où venaient-ils donc, les éléments qui composaient cette rare assemblée ? Ils représentaient la nation et, hélas ! on peut dire tout à la fois qu'ils la représentaient fort mal, et qu'ils ne la représentaient que trop bien. Qui est-ce qui les avait nommés, ces hommes-là? C'était toi, peuple de Robin mouton, toujours prêt à te laisser tondre; peuple de Jacques Bonhomme, toujours prêt à te laisser poindre, qui vas demander au maire de quelle manière il faut voter; et qui reçois de Paris, à travers le garde-champêtre, le sous-préfet, le préfet, les idées et les ordres du gouvernement et de son maître.

Ces votes stupides et ignares sont la condamnation de la nation tout entière.

L'ignorance de notre pays se mesure par kilomètres d'épaisseur. On ferait tout croire à nos campagnards. Nous sommes tous responsables de cet état de choses et par conséquent des maux qu'il enfante. Si nos paysans votent comme des moutons, ayant le suffrage universel, et votent pour le boucher qui va les égorger, c'est affaire à nous d'y aviser, non en leur enlevant ce droit acquis, mais en faisant le possible et l'impossible pour que ce vote ait une valeur d'intelligence.

V

Pendant ce temps, nous avions une diplomatie étrangère à la hauteur des circonstances.

Le *Benedetti* notamment nous a couvert d'une gloire immortelle, Ah ! parlez-moi de M. Benedetti. Voilà un homme capable de lutter avec un de Bismarck. Comme le Richelieu allemand a dû rire dans sa moustache en voyant le personnage qu'on lui envoyait des bords de la Seine. « Voilà le poisson qu'il me faut. On l'a fait juste exprès pour moi : il mordra à tous mes hameçons. Je lui ferai avaler tous mes vers.

Et notre Excellence de faire des bévues qu'on aurait à peine pardonnées à un écolier.

Nous étions servis, non selon nos besoins, mais selon nos mérites !

Cette révélation que M. de Bismarck nous a faite, à peu près aussi compromettante pour lui que pour M. Benedetti, jette un jour horrible sur notre politique extérieure. Ceux qui ont parlé de la forêt de Bondy, à cette occasion, n'avaient pas tort. On faisait à la Belgique des protestations de tendresse et de respect, mais on tripotait son annexion. On était au mieux avec l'Angleterre, mais on se jouait d'elle sous la main. On disposait entre diplomates — encore s'ils eussent été ivres! leur ivresse atténuerait le mal. Mais non, c'est à tête reposée, longuement, que l'on prépare ces attentats — on disposait du sort de 5 millions d'hommes contents de leurs institutions, et dont l'heureux pays est à beaucoup d'égards un modèle pour l'Europe. On se croirait dans un coupe-gorge, dans un antre de bandits, et nous sommes dans la société d'Excellences plus excellentes les unes que les autres.

Ce qu'il y a eu dans cette affaire de personnel à M. Benedetti, c'est la simplicité de brebis avec laquelle il a conduit toute cette campagne diplomatique. On n'est pas plus simple. Sans doute il avait affaire à un homme qui sait tous les tours et que les scrupules de la conscience gênent fort peu. Mais lui laisser dans les mains des documents comme ceux qu'il lui a laissés, c'était plus qu'on ne pouvait attendre du diplomate le moins expérimenté. Pour la bande dont il faisait partie, c'était montrer bien peu de finesse.

Ce n'est pas tout. Notre corps diplomatique a fait preuve d'une ignorance qui passe toutes les bornes. A moins qu'il n'ait fourni des renseignements exacts dont on n'aura pas voulu tenir compte aux Tuileries : ce serait encore dans les choses possibles. Quelques jours après nos premiers désastres, le cabinet publia je ne sais plus quelle pièce que l'on aurait pu croire écrite par des gens de la lune, tant elle trahissait d'ignorance des affaires de l'Europe, et de l'Allemagne en particulier. On y exprimait, entre autres choses, cette idée que l'Allemagne du Sud n'aspirait qu'à s'affranchir de la tutelle de la Prusse, et que la guerre actuelle en fournirait l'occasion ! Folle chimère. Il faut croire que nos diplomates ne savent pas un traître mot d'allemand, qu'ils se sont payés des belles paroles qu'on leur a dites en français dans les cours. Un cocher de fiacre, une cuisinière, le premier paysan venu avec qui ils auraient bu une chope dans une brasserie, leur auraient pu dire qu'une guerre contre la France serait tout ce qu'on pouvait voir de plus populaire, de plus propre à resserrer les liens de l'Allemagne et à servir par conséquent la politique de la Prusse. Jupiter avait frappé d'aveuglement ceux que la nation s'étaient donnés pour maîtres. Peut-être apprendrons-nous, non pas à imiter cet ignoble système d'espionnage que la Prusse a organisé par toute l'Europe, mais au moins à avoir des diplomates capables de nous renseigner sur ce qui se passe dans les pays où nous les entretenons à grands frais.

Disons à ce propos que la France a eu vis-à-vis de l'Allemagne une politique injustifiable, quand elle a voulu l'empêcher d'achever son unité.

Nous n'avions pas à nous mêler des affaires de nos voisins; c'était à eux de savoir s'il leur convenait de s'associer, et sur quelles bases.

L'Allemagne, dans la variété de ses provinces, a tout ce qu'il faut pour devenir une nation de premier ordre; faire obstacle à une grandeur qui devait naître de la force des choses etait d'une politique immorale et vaine.

Elle a, en outre, des qualités d'intelligence et de cœur qui ne sont pas les nôtres, mais qui les seconderont et les compléteront. Sur tout le domaine de la vie intellectuelle et morale, elle a des particularités qui lui sont propres. L'humanité tout entière a intérêt à ce qu'elle ait .le champ libre pour le développement paisible et harmonieux de ses facultés et de ses dons.

D'un autre côté, la France est assez bien douée pour n'avoir pas besoin d'amoindrir ses voisins. Elle est ce qu'elle est, elle n'a pas besoin, pour être grande dans le monde, de demander la permission à personne. Qu'elle soit assez fière seulement pour supporter, assez noble pour seconder même le développement le plus complet des forces des nations voisines ses sœurs. La générosité eût été la meilleure des politiques comme elle en est la plus morale. On le voit bien aujourd'hui. L'unité de l'Allemagne se fût accomplie un jour ou l'autre, j'ignore sous quelle forme, mais d'une manière plus normale, et en tout cas sans hostilité pour nous.

Malheureusement, il nous faut rappeler que, outre les violences impardonnables de Napoléon Ier, la France avait eu, de ce côté, des torts très-graves. Hommes d'Etat ou journalistes, plusieurs avaient jeté dans le public l'idée absurde des frontières naturelles, au nom de laquelle la rive gauche du Rhin devait nous appartenir. C'était une des idées qui défrayaient les journalistes embarrassés.

On ne peut pas dire que cette idée fût populaire en France, mais elle prêtait à des développements belliqueux, et entre les mains de journalistes peu scrupuleux, elle pouvait devenir dangereuse.

L'Allemagne voyait et devait voir d'un œil jaloux cette prétention inique de lui enlever ce noble fleuve tant chanté par ses poètes, sujet de tant de légendes, qui est comme un symbole de son existence nationale. Elle avait le droit de se montrer susceptible. C'est dans ces dispositions qu'elle était lorsqu'arriva la candidature du prince de Hohenzollern.

Presque tous les torts ont été du côté de la France (1). Quand le roi de Prusse avait retiré la candidature de son parent, il avait fait tout ce que pouvait demander la délicatesse de la situation. Et vouloir exiger plus, c'était marcher au devant d'un affront, que devaient suivre les plus douloureuses conséquences. Comme autant de fous, nos hommes d'État ne manquèrent pas de faire ce qu'il

(1) Je parle ici d'après les textes officiels, c'est à-dire d'après les apparences. Mais je suis de ceux qui croient que le gouvernement français a eu moins tort dans le fond que dans la forme. D'après de nombreux indices, je pense que le véritable auteur de la guerre n'est pas l'empereur, ni son ambassadeur, mais l'habile ministre prussien, passé maître dans l'art de cacher sa pensée tout en ayant l'air de la montrer, et que les scrupules de l'honnêteté politique ne gênent guère. Toutefois en attendant mieux il faut juger d'après ce qui est apparent et non d'après ce que l'on croit probable.

y avait de plus mal à faire, et un ministre aussi suffisant qu'insuffisant déclara « d'un cœur léger, » cette guerre qui eût été effroyable si on eût été prêt et qui devait appeler sur nous des calamités sans nom parce qu'on ne l'était pas. Eh bien, M. Ollivier, avons-nous toujours le cœur léger ?

À la rigueur, on pouvait encore conjurer l'orage. Un illustre vieillard y déploya tout son courage et tout son patriotisme. En vain l'odeur de la poudre commençait à se faire sentir, et notre servile majorité vota avec l'enthousiasme des moutons de Panurge la guerre redoutable qu'on nous demandait et dont la France avait si peu besoin.

Pour achever le tableau, il faudrait rappeler le langage de la presse pendant ces jours, ses hâbleries, les puérilités de sa forfanterie. Il faudrait rappeler cette ignoble apostrophe d'un des séïdes de l'empire : « Soldats de la Champagne, avez-vous besoin de fumier pour vos terres, envoyez des wagons à la frontière, ils vous reviendront chargés de cadavres prussiens. »

C'est le comble de l'ignoble.

Si nous buvons la coupe de l'amertume jusqu'à la lie, qui est-ce donc qui a préparé ce breuvage ? Des revers auxquels notre histoire n'offre pas de pendant sont venus nous surprendre pendant notre sommeil. Mais aussi nous n'avions pas le droit de dormir.

Un dernier trait nous fera juger de la profondeur du mal. Le désastre de Sedan avait eu de sinistres précurseurs. Pendant ce temps, nos autorités subordonnaient tout au bien de l'Empereur, à l'avenir de sa dynastie. Le salut de la France importait peu : il fallait à tout prix sauver ce qui nous perdait. Nous n'avons pas eu l'honneur de provoquer et de décider nous-mêmes la destitution de l'Empereur Nous avons attendu que les Prussiens l'eussent dans leurs mains, vaincu et prisonnier, pour le déclarer déchu. Et encore nos réprésentants ne l'ont-ils fait qu'après trois jours d'attente et sous la pression du flot populaire. Il m'est dur de penser que nous n'avons pas même eu le mérite de nous débarrasser de cet homme.

VI

Que dirons-nous de notre établissement militaire ? On a beaucoup accusé nos soldats d'indiscipline. Il faudrait voir comment ils ont été
menés. Dans les premières actions de cette guerre,
ils ont montré autant de valeur que jamais. Mais
ils ont passé par des circonstances qui démorali-
seraient les hommes les plus fermes. Ils étaient
habituellement dans une proportion numérique
fort désavantageuse. Ils n'avaient parfois ou pas de
vivres ou pas de munitions. Ils se sentaient conduits par des chefs qui ne savaient pas leur métier
et qui les conduisaient à l'aventure, tandis que

l'ennemi avançait avec la régularité d'une pendule, en vertu d'un plan savamment étudié.

Et enfin, ponrquoi se battaient-ils?

Que de fois, pendant les insomnies de cette guerre terrible, n'ai-je pas songé à nos malheureux soldats blessés et mourants?

Les Allemands, du moins, savaient pourquoi ils mouraient, et, de plus, ils mouraient victorieux. Leur mort avait servi à quelque chose, puisqu'ils gardaient le champ de bataille. Ils donnaient joyeusement leur vie pour répondre à une agression injuste de l'*Erbfeind,* de l'ennemi héréditaire. D'anciennes haines promptes à se rallumer, d'anciens souvenirs de colère avaient immédiatement donné à cette guerre un caractère de guerre nationale et sainte. L'enthousiasme était partout, le mouvement universel.. Nous ne pouvions qu'admirer avec effroi, et que gémir à la pensée que nous allions braver, avec toute chance d'être écrasés par elle, une force honorable et irrésistible que nous n'avions pas su respecter. Quand donc ils souffraient ou mouraient dans la bataille, ils avaient pour se consoler l'assurance que la patrie était sauvée et qu'elle leur garderait un souvenir reconnaissant. L'ivresse de la victoire aidant, leurs derniers songes leur montraient pour la patrie allemande un avenir de grandeur auquel ils auraient contribué.

Mais nos soldats, savaient-ils pourquoi ils se battaient? Quelques-uns peut-être ne s'en occupaient pas. Ce sont les plus à plaindre, puisqu'ils avaient consenti à n'être que des machines. Mais beaucoup auraient voulu le savoir, et ce qu'ils voyaient de plus clair, c'est qu'ils étaient conduits à la boucherie par des chefs incapables, c'est qu'ils ne pouvaient pas vaincre, c'est qu'ils souffraient et mouraient pour rien, que pour la volonté d'un homme. Au milieu de leur sanglante agonie, ils voyaient l'ennemi avancer, leurs foyers menacés, l'honneur national compromis, et leur sang couler avec leur vie sur le sol sans profit, sans gloire, sans but. Ah! c'était mourir trois fois! Etonnez-vous que les autres, voyant ce qui les attendait, mal armés, mal nourris, mal commandés, aient montré de l'indiscipline.

Leurs chefs étaient-ils incapables, ou étaient-ils de connivence avec l'ennemi? Redoutable problème qui ne doit pas se résoudre de la même manière pour tous, mais que la reddition de Metz surtout pose d'une manière violente devant l'attention de l'armée et du pays.

Ce dernier fait, le plus étourdissant de cette

guerre si féconde en surprises, semble mettre le dernier sceau du déshonneur sur tout ce qui a pu toucher de près ou loin à l'Empereur. Il semble que tous ses serviteurs aient eu, comme leur maître, la naïveté du mal.

Et lui, l'auteur de tout cela, que faisait-il pendant tout ce temps ? Il voit dès les premiers jours que la partie est perdue, que, de notre côté, rien n'est prêt, que, de l'autre côté, tout est prêt, archi-prêt, plus et mieux que jamais armée ne l'ait été pour une grande guerre. Le pays va être submergé, cette nation qui lui a donné tant de témoignages d'aveugle confiance est par lui poussée dans un abîme de maux. Que va-t-il faire ? Il va s'immoler, pour réparer les maux qu'il a causés ! Il se livrera à l'ennemi en lui disant : Me voici ! je suis le grand coupable ! j'ai consulté la France, elle a voulu la paix ; je l'ai conduite à la guerre comme à l'abattoir ! Frappez-moi, mais épargnez le pays !

La moindre étincelle d'honneur lui eût dicté cette conduite.

Mais non, c'était trop beau pour lui. Avec une bassesse qui n'a pas de nom, il persiste à ne penser qu'à lui, à sa précieuse personne, à sa dynastie, à l'avenir de ce malheureux enfant pour qui on a fait la sérénade de Saarbruck. Tout doit converger vers lui. Les mouvements des troupes seront contrariés, les convois de vivres arrêtés, nos soldats mourront de faim avant de marcher au combat. Il importe peu. C'est lui qui amène la catastrophe de Sedan. Et quand il rend au monarque vainqueur son épée de fer blanc, il trouve le moyen d'ajouter à son infamie. Ne faut-il pas qu'il aille calomnier encore cette pauvre France, en disant que c'était elle qui l'avait forcé de déclarer la guerre ?

Pour l'honneur de la nature humaine, on voudrait croire qu'une telle conduite relève de la pathologie médicale plutôt que de la conscience ; que ses maladies ont affecté son cerveau au point de lui ôter la responsabilité de ses actes.

Mais non : une telle explication n'est pas possible. En faisant ce qu'il vient de faire, il est simplement resté fidèle à lui-même. Il a commencé par une accumulation de crimes, il a continué en saignant la France à blanc, et son dernier acte est de la livrer à l'ennemi en se réfugiant dans les cuisines de Wilhelmshœhe.

Eh bien, un tel résultat n'est pas sans quelque consolation. Il ne me déplaît pas de voir submergé dans des flots d'infamie ce nom de Napoléon qui n'a jamais représenté qu'une gloire malsaine et funeste.

Oh! cet homme, ce premier empereur, personne ne nous dira-t-il 'jamais tout le mal qu'il nous a fait! Mais du moins il avait la grandeur militaire : son règne avait ébloui et séduit les imaginations. Et puis il avait pour embellir sa légende les grands noms de sa carrière victorieuse : Marengo, Austerlitz, Iéna, les Pyramides et le Kremlin : il avait l'éternelle poésie de son exil, la majesté de la mer, où il contemplait dans le soleil couchant l'image de son soleil à lui qui ne devait pas avoir de lendemain! Mais lui, le troisième du nom, qui en doit être l'opprobre, il est monté au trône comme un scélérat, il a régné comme un vampire, et pour faire une fin digne de son commencement, il finit dans la sauce, parmi les marmitons qu'on lui envoie de Berlin pour consoler sa disgrâce.

Et nous, Français que nous sommes, voilà l'homme que nous avons pendant vingt ans subi, consenti, acclamé! En sommes-nous assez punis?

CHAPITRE VII

LE RÉVEIL.

Les Allemands ne savent pas voir des faits sans construire immédiatement à leur occasion tout un système de philosophie. Ils ont vu notre état moral et social, avec ses plaies dont nous venons de convenir; et ils ont tout de suite imaginé la théorie que les races latines doivent disparaître devant la race saxonne. Les plus indulgents se contentent d'affirmer que notre infériorité est définitive.

Le mépris de la France, le sentiment qu'elle doit disparaître ou tomber au second rang, est comme un article de foi, un dogme de la religion politique des Allemands. Historiens, philosophes, journalistes se passent de main en main la même fantaisie. De par la science allemande, nous sommes condamnés à périr.

Merci, *savantissimi professores*. Nous avons, pour votre profonde science, tout le respect qu'elle mérite. Mais nous ne sommes pas encore convaincu que la santé du bras gauche exige absolument la suppression du bras droit. En attendant, il nous sera permis d'ouvrir les yeux pour regarder ce qui se passe, et pour voir si les faits ne donnent pas tort à la théorie.

Les chefs des armées allemandes ont cru sans doute que l'affaire de Sedan allait terminer la guerre. Une fois l'empereur prisonnier, et l'armée anéantie, la France allait demander grâce et accepter la paix, quels qu'en fussent les termes. Qui ne l'aurait cru comme eux?

Eh bien, ils se sont trompés. Ils avaient compté sans leur hôte. Ce n'était pas la France qui agonisait, c'était l'Empire. Et la France, dans ce bain d'opprobre et de douleur, commençait à revivre. Chaque jour ajoute à sa résurrection morale. Ces sanglants coups de fouet dissipent peu à peu la torpeur où l'avaient plongée nos marchands de chloroforme.

Bénies soient nos défaites.

Oui, quelle que soit l'horreur tragique de notre position, j'aime mieux, pour le commencement de cette guerre, nous voir vaincus que vainqueurs.

Si, par impossible, nous avions vaincu l'Allemagne, comme notre guerre était injuste, nous n'aurions vaincu qu'au profit d'une injustice, ce qui est toujours une calamité.

En outre, cette victoire remportée sur l'Allemagne n'eût été, dans le fond des choses, qu'une victoire de Napoléon sur la France. Le véritable vainqueur, c'était le régime personnel qui sortait triomphant de cette heureuse entreprise ; et le véritable vaincu, c'était nous. Dans l'état où cette guerre nous a trouvés, nous aurions formé un nouveau bail avec le despotisme, un nouveau pacte avec la honte, et le mal devenait peut-être absolument sans remède.

Vaincus, nous sommes délivrés de Napoléon, puisque nous n'avons pas su nous en débarrasser seuls. Les meurtrissures de la lutte nous rappellent à nous-mêmes : la passion de l'indépendance réveille en nous le goût de la liberté. C'est un point d'une importance telle qu'il compense bien des pertes.

Il est un autre résultat auquel je ne suis pas indifférent.

La France n'avait plus l'humeur conquérante : mais enfin, le bruit du clairon réveille toujours en nous quelques ardeurs belliqueuses. Aujourd'hui, nous savons ce qu'en vaut l'aune, et nous sommes guéris à tout jamais, il faut l'espérer, de la manie des aventures guerrières. Déjà cette agression contre l'Allemagne ne répondait à rien de réel dans l'état des esprits chez tous : les fanfaronnades de quelques hâbleurs ne doivent pas faire illusion sur les dispositions pacifiques de la majorité de la nation. En outre, l'entrée en scène d'une Allemagne formidable est un élément nouveau qui exerce son influence dans la même direction. Nous laisserons le Rhin allemand rouler paisiblement ses belles eaux dans un pays frère du nôtre, satisfaits du lot qui nous est échu sur notre planète (1). Nous pouvons donc procéder à la transformation, pour ne pas dire à la suppression de notre armée permanente.

Notre armée, elle s'est déshonorée par sa parti-

---

(1) Ceci est écrit dans la supposition que l'Alsace et la Lorraine demeurent ce qu'elles sont, françaises. Tout acte de violence, commis à cet égard, est gros de menaces pour l'avenir. Mais qui sait si les maîtres actuels de l'Allemagne n'ont pas besoin de ces perspectives de guerre, afin de pouvoir accomplir militairement leur œuvre d'assimilation?

cipation au coup d'État. On a vu qu'elle se sert
de ses armes pour protéger les citoyens, et au besoin pour les égorger; pour sauver la patrie, et
au besoin pour la trahir. Moyennant quelques
distributions d'eau-de-vie et de tabac, et quelques perspectives d'avancement, le président de
la république, — comme il devait mépriser les
hommes pourtant! — trouva tout ce qu'il lui fallait pour accomplir son œuvre. Chefs et soldats fu-
sillèrent à qui mieux mieux, frappant ainsi de
leurs mains parricides la France qui les avait armés pour sa défense. Mais cette même armée ne
nous a pas préservés de l'invasion. Forte contre
nous, elle n'a pas su l'être pour nous. Ce n'était
pas la peine de lui consacrer tant de millards.

Constituée comme elle l'était, d'hommes qui
pendant sept ans n'avaient presque point d'at-
tache avec le pays, elle formait, au milieu de la
nation, une caste à part, qui avait ses intérêts dis-
tincts, et qui devait, à l'avance, se laisser mieux
qu'une autre endormir ou corrompre par un des-
pote. L'œuvre de la corruption a été profonde,
en effet. Pendant ces vingt ans, aucune généreuse
ambition n'a été stimulée dans les rangsde l'armée : les soldats se sont démoralisés; les chefs
n'ont pas travaillé, n'ont rien appris, n'ont as-

piré qu'à des conquêtes faciles : et le résultat, c'est qu'à l'heure du péril, personne n'a été à la hauteur de sa tâche.

Si, après la guerre, nous diminuons notre armée, ou si nous avons une armée de citoyens, et non une armée de prétoriens, les affreux malheurs que nous subissons ne seront pas absolument sans compensation.

Voilà deux faits produits par la guerre, où nous n'avons ni mérite ni démérite, mais qui n'en sont pas moins pour nous des conditions de relèvement.

VIII

Serait-il indiscret de demander ici à ceux qui condamnent si durement notre acquiescement à l'empire, quelle attitude ils ont prise eux-mêmes à son égard? — L'Europe, cette vénérable matrone, aurait pu montrer à l'homme du coup d'État l'horreur que lui inspirait sa conduite. L'a-t-elle fait? Si mes souvenirs ne me trompent pas, tous les cabinets européens se sont empressés de le reconnaître. Pas un d'eux ne s'est mis en deuil pour protester contre un crime monstrueux, comme l'avait fait autrefois la reine Elisabeth d'Angleterre pour protester contre la Sainte-Bathélemy.

Quelques difficultés relatives à l'étiquette furent bientôt levées ou tournées, et la diplomatie européenne ne se montra pas dans ses appréciations plus rigoureuse que ne l'avait fait le peuple français.

Nous avons péché, comme on voit, en fort nombreuse compagnie, ce qui, sans nous absoudre le moins du monde, commande du moins quelque indulgence à ceux qui nous ont imités.

Serait-il inopportun aussi de rappeler aux Prussiens particulièrement qu'après la servilité dont ils ont fait preuve vis-à-vis de leur gouvernement, il leur est absolument interdit de blâmer personne, même nous. Ils ont souffert de la part de M. de Bismark tous les affronts imaginables. L'âne n'a pas, sous le bâton, une patience plus grande que n'a été celle du peuple prussien sous la verge du tout-puissant ministre.

On se rappelle que plusieurs parlements ont été convoqués, insultés, puis dissous, et qu'enfin le gouvernement a engagé la guerre en 1866 malgré le vœu de la nation. — Quand donc les Prussiens prennent acte de notre indigne soumission pour en conclure à notre profonde décadence, nous pouvons leur dire, avec le fabuliste :

« Mais tournez-vous, de grâce, et l'on vous répondra. »

Leur gouvernement a été plus habile et plus fin que le nôtre : plus honnête serait une autre question : et le peuple, agenouillé aujourd'hui devant son grand homme d'Etat, lui pardonne toutes ses violences en considération du succès. Est-ce là un signe de santé et de vigueur morale?

Convenons plutôt que tous les peuples, nous comme les autres et pas plus que les autres, en sont encore à adorer la force, même quand elle les écrase. C'est un grand mal; nous en portons la peine aujourd'hui, mais on ne doit pas nous le reprocher comme si nous étions les seuls coupables.

IX

Nous devons ajouter que la décadence n'a jamais été si complète qu'il plaît à nos ennemis de se l'imaginer. Nous n'allons pas ici retirer ce que nous avons dit plus haut. Le mal était profond, la situation était fort sombre. Mais elle n'était pas sans quelques points lumineux. Des noms comme ceux de Jules Simon, de Renan, de Littré, de Laboulaye, de Prévost-Paradol, de Jean Macé, d'Erckman-Chatrian, d'Albert Réville et bien d'autres encore, sont là pour protester en notre faveur. Ils sont tous des plus respectacles, et plusieurs ont obtenu l'attention et l'estime de l'Europe entière.

Bon nombre de citoyens, connus ou inconnus, les uns dans l'exil, les autres sur le sol de la patrie, ont su garder une attitude pleine de dignité en se tenant à l'écart, sans recevoir du pouvoir ni ordres ni faveurs. — Quelques-uns dans l'opposition, d'autres sans aucune activité officielle, ont su tenir école de liberté au milieu de la servitude générale. On a fait quelque chose pour l'instruction des masses ; et quand on pense aux embarras que suscitait le gouvernement à tout ce qui ne portait pas l'estampille officielle, à tout ce qui avait un air d'indépendance, on doit trouver que ces efforts avaient un mérite particulier. Pour une période aussi calamiteuse, cela n'est pas encore si mauvais. Sous le mancenillier du despotisme, les produits du sol étaient nécessairement plus rares et moins savoureux, mais le sol est toujours bon. Une fois l'arbre coupé et le soleil reparu, nous lui retrouverons sa fécondité habituelle.

La classe ouvrière s'est instruite : si elle n'a pas toujours les idées que nous lui voudrions voir, elle a du moins travaillé, elle a lu, elle a écrit, même elle s'est exercée à la coopération, à la solution des problèmes sociaux les plus importants. Elle l'a fait, en bravant la défaveur du pouvoir, les dispositions ombrageuses de la police, les tracasseries de la loi. C'est un grand pas fait en avant, un signe de vitalité que les grands personnages ne daignent pas voir, mais qui n'en est pas moins très-réel. Peut-être avons-nous, de ce côté-là, des orages à prévoir. Encore ces orages seraient-ils une preuve de vie.

J'ajoute aussi, sauf à exciter le sourire de plusieurs, qu'un mouvement plein de promesses s'est manifesté sous le rapport des idées religieuses. Pendant que l'Église, l'institution officielle, ne trouvait rien de mieux que de proclamer de nouveaux dogmes, aussi stériles l'un que l'autre, beaucoup d'esprits ont posé la question religieuse devant le public, sur le terrain de la recherche scientifique libre. On a étudié de plus près les problèmes de cet ordre ; on a compris qu'ils doivent être abordés sans parti pris, sans autre préoccupation que celle de trouver le vrai. Sourira qui voudra : cette décision apportée à l'étude des plus graves problèmes de l'âme humaine me paraît un symptôme extrêmement favorable. Que l'on nie ou que l'on affirme, il faut savoir pourquoi on le fait.

X

Je ne sais, en outre, à quoi pensent ceux qui nous annoncent avec une satisfaction triomphante que la France est entrée dans une voie de décadence d'où elle ne se relèvera pas. Et par quoi la remplacerait-on ? Ce n'est pas par l'Allemagne, toujours. Les génies des deux peuples sont trop différents pour que l'un puisse tenir lieu de l'autre.

On s'est moqué, non sans raison, de la fatuité avec laquelle nous nous sommes proclamés *la grande nation*, comme si les autres nations étaient faites pour tourner autour de nous comme des satellites autour du soleil. Ce jugement, dans le-

quel il y avait plus d'ignorance que de vanité, va
se modifiant chez nous à mesure que nous sortons
de notre isolement. Tant que nous n'avons connu
ni les langues ni les littératures des autres peuples
de l'Europe, nous devions les trouver barbares.
C'est une vieille histoire. Est barbare quiconque
ne sait pas se faire comprendre de nous. — Aujourd'hui que la fréquence des voyages et les nécessités du commerce amènent un plus grand
nombre de nos compatriotes à entrer en contact
avec les autres nations chez elles, nous leur ren-
dons mieux justice, et peu à peu s'affaiblissent ces
préjugés absurdes que le premier empire avait
tant favorisés. La masse du pays, trop ignorante
encore pour savoir ce que représentent les noms
de Goethe et de Herder, aperçoit pourtant dans
les brumes du lointain des peuples qui ont leur
vie propre et leur développement spécial. On a
appris que toutes les branches du savoir humain
ont été cultivées ailleurs avec autant de succès
au moins que chez nous. De tous ces faits résul-
tait dans l'opinion publique une appréciation plus
saine des choses, un jugement plus impartial sur
nous-mêmes et sur les autres.

Il n'est donc point question de déprécier ici
l'Allemagne au profit de la France. Nous cherchons

simplement à prendre les deux pays pour ce qu'ils sont et pour ce qu'ils valent. Nous répétons qu'ils sont trop divers pour pouvoir se remplacer, et que par conséquent la diminution de l'un quelconque des deux, bien loin de pouvoir être pour l'autre un sujet de satisfaction, serait, pour lui comme pour l'Europe et pour le monde, une perte sans conpensation.

Comment ferions-nous, je vous prie, pour disparaître sans laisser derrière nous un vide énorme?

Pensez à ce bon sens prompt et clairvoyant qui procède avec tant de sûreté dans la vie pratique et dans la vie intellectuelle. — Nous n'avons certes pas le monopole du bon sens, mais il est de fait que le regard simple et droit, cette vive intuition qui se passe de la science et souvent la rectifie, est un élément distinctif de notre génie national.

Où trouvera-t-on ailleurs cette douceur de mœurs, cette élégance naturelle, ce commerce facile, cette prévenance, ce bon goût, ce bon ton qui donnent tant de charme à la vie chez nous, et ont fait de la France la plus populaire de toutes les nations?

Où chercherez-vous ailleurs, à ce degré, l'esprit universel, véritablement humanitaire, donnant aux problèmes leur plus vaste étendue, sympathisant à toutes les misères humaines, et prenant feu pour les redressements des torts sur toute la planète. Notre esprit national, c'est le chevalier du moyen âge allant rompre une lance avec qui que ce soit pour Dieu et pour sa dame. — Sans doute il y a un peu de don quichottisme dans cette disposition, mais on fait aussi de grandes choses avec cela.

C'est peut-être ce trait particulier de notre caractère qui nous donne cette force unique de prosélytisme qu'on s'accorde à nous reconnaître. On a dit que la France était le peuple missionnaire par excellence. Nous ne savons pas, en effet, trouver une vérité et la garder pour nous-mêmes. Il faut qu'elle fasse le tour du monde.

On peut se représenter les Anglais, par exemple, trouvant un bon système politique et s'efforçant de l'établir solidement dans leur Grande-Bretagne. Ils ne chercheront pas à le faire prévaloir au dehors, chez les étrangers. Au contraire, il fera partie des *comforts* de leur vie, et ils seraient bien fâchés que les *foreigners*, les étrangers pussent cesser un jour de leur envier. — Mais quand la France fait sa révolution, elle déclare aussitôt les droits de l'homme, de tout homme, et elle se met en guerre pour aller partout, chez les peuples frères, renverser les trônes et faire trembler·les tyrans. Cette liberté qu'elle a vue apparaître, elle s'en éprend si bien qu'elle veut l'établir partout, — hélas! sans s'apercevoir qu'elle n'en connaît pas assez les conditions. On peut railler cette disposition qui, en effet, n'évite pas toujours le ridicule. Toujours est-il que l'on ne peut pas lire l'histoire de l'Europe depuis cent ans, sans s'apercevoir que la France a eu pour les idées une force d'impulsion, de lancement pour ainsi dire, que les autres nations n'ont·pas eue à ce degré.

C'est bien, je crois, ce que disait l'ex-empereur, quand il rappelait que la France seule sait faire la guerre pour une idée.

Ce bon sens dont nous venons de parler, cette intelligence déliée, cette affabilité, cette ouverture de cœur, cette ardeur de ·propagande, nous les avons encore, n'est-ce pas? Le braconnier du 2 décembre nous les aurait-il enlevées! Non : voilées pour un temps, elles font partie de notre nature; et tant qu'elles nous restent, il ne pourra être question pour nous d'une décadence définitive. Mais il nous faut mentionner un autre trait, qui dans ce moment permet aux Allemands, moins qu'à personne, de prononcer à notre égard le mot de décadence : nous voulons dire la générosité.

Cette générosité, on ne peut pas nous la contester sans nous méconnaître. A tout prendre, sans oublier de grandes fautes commises, la générosité de la France est un axiome historique fondé sur la réalité. — Nous avons fait bien des guerres injustes; mais, au milieu des horreurs où elles nous ont entraînés, il y a certaines choses que nous n'aurions pas faites.

Les Allemands viennent de remporter des victoires extraordinaires. Il semble que ces succès inouïs, joints à l'exaltation du patriotisme, dussent favoriser en eux l'essor de tous les nobles instincts. Eh bien, non. Dans leurs relations privées, dans leurs journaux, dans leurs actes militaires, ils se sont montrés envers les vaincus plus arrogants que jamais. — Cette guerre qu'ils appellent défensive, et que leurs maîtres ont très-probablement provoquée, la voilà qui s'étend jusqu'à la Loire, et, s'il est nécessaire, jusqu'aux Pyrénées. Ils savent que le grand peuple qu'ils combattent a été, au fond, livré par son gouvernement; que si leurs vertus guerrières sont pour une moitié dans leurs triomphes, la corruption de l'empire est bien pour la seconde moitié. Ils savent cela, et quand ils voient ce peuple revenir à la vie, se débattre en faisant des miracles d'énergie, sans prendre garde que son sang coule par mille larges blessures, ils procédent, eux, par la dévastation, l'incendie, le pillage, et mettent à mort comme bandit le citoyen qui défend son pays.

Dans ces conditions, la guerre qu'ils nous font est d'une lâcheté qui dépasse toute description. Quand ils seront dégrisés, ils trouveront, sans nul doute, que leur vengeance — car ce n'est plus que cela — a été atroce, qu'elle accuse une véritable bassesse de caractère, ou, si l'on veut, un manque extraordinaire de générosité !

Je ne crois pas que les Français eussent été capables, dans de telles circonstances, d'agir de cette manière.

Sans doute, une partie importante de la responsabilité pèse sur le gouvernement. On est parti en faisant la guerre, non au peuple français, mais à l'armée. Aujourd'hui, on traite l'auteur de la guerre avec les égards dus à son rang, on tient toute l'armée prisonnière, et on saccage toute la France : les rois, surtout quand ils vont passer empereurs, ne sont pas tenus à ces lois de vérité qui engagent les mortels vulgaires.

Puis les ministres pensent que, plus ils prolongent la guerre, et plus ils cimentent sur le champ de bataille cette union qu'ils ont ont tant à cœur d'amener en Allemagne. La politique a ses nécessités : après tout, pour bien soumettre l'Allemagne du Sud, on peut bien ruiner et saigner un peu la France. C'est sa faute, d'ailleurs ; pourquoi se défend-elle ?

D'un autre côté, si nos journaux à nous, dans une guerre où tout était misérable, ont tenu un langage misérable aussi, les journaux allemands, qui auraient dû être relevés par leur patriotisme, ont tenu souvent un langage qui respirait la férocité de la vengeance, la soif du malheur français, même quand des malheurs inouïs avaient déjà fondu sur nous. Je crois pouvoir dire que l'on n'aurait trouvé chez nous que dans la lie de la société des hommes capables d'avoir et d'exprimer des sentiments pareils (1).

Nous n'acceptons pas une sentence de décadence prononcée par des hommes qui se montrent tellement étrangers à tout sentiment de générosité.

______

(1) Je n'oublie pas que nos blessés ont été soignés en Allemagne avec une bonté toute fraternelle, avec une tendresse de cœur qui fait le plus grand honneur au pays, et qui forme le trait le plus consolant de cette guerre. L'Allemagne sait avoir sa noblesse : il est d'autant plus pénible de voir l'impitoyable dureté avec laquelle elle abuse de la supériorité de ses préparatifs militaires.

XI

Mais à quoi bon tant de raisonnement? La France est pourrie, dites-vous! Elle n'a jamais été plus grande que dans ce moment. Pour moi, je l'admire, et je trouve que son attitude actuelle est faite pour imprimer le respect à quiconque n'est pas aveuglé par la passion. Je cherche dans l'histoire, et ne trouve pas de spectacle plus grand que celui qu'elle vous offre. C'est « beau comme l'antique. »

Voyez donc. Les effets de l'opium n'ont pas encore disparu, les chaînes ne sont pas encore toutes tombées, que déjà l'étincelle de la vie a circulé partout. Un mouvement étonnant se produit dans le pays. Hésitant d'abord, plein d'illusions. On s'imagine que la *Marseillaise* va guérir tous les maux, que l'évocation de 92 et 93 suffira à sauver le pays. Dans les premiers jours, chacun compte sur l'héroïsme de son voisin. Mais cependant quelle grandeur d'âme et quelle fermeté au sein de revers inouïs! Autant ses alarmes, lors des premiers revers, avaient été indignes d'une grande nation, autant son attitude actuelle, au sein de revers bien plus grands, atteste d'énergie et de puissante résolution! C'est le réveil d'un lion blessé par les chasseurs.

On a rarement vu dans le monde une nation aussi malheureuse que nous l'étions. Plus d'armée! Tout ce qui la composait au commencement de la guerre est tué ou fait prisonnier dans des circonstances désespérantes. La France, attaquée pendant son sommeil, prise au saut du lit, voit sa maison en flamme et envahie, doit se soumettre à tout ou accomplir des prodiges avant d'avoir seulement le temps de se reconnaître. Il faut tout faire, tout créer, les hommes, les cadres, les munitions, réveiller les esprits, organiser la résistance : il faut en même temps rompre les attaches du régime déchu avec l'administration générale,

accomplir le passage de l'empire à la république.
Et il faut faire cela en face d'une armée formidable, la mieux outillée que le monde ait jamais vue, conduite par des généraux habiles à une guerre que son gouvernement étudie depuis soixante ans.

Eh bien! la France trouve le moyen de le faire. C'est une folie. Oui, peut-être, mais une de ces folies qu'engendre l'enthousiasme.

Il est donc revenu, cet enthousiasme que l'on croyait banni de la France! Enfin, enfin, une généreuse passion enflamme les cœurs! Je la retrouve, la France de mes rêves, dans l'héroïsme qu'elle fait éclater au sein du danger.

> France adorée,
> Douce contrée,
> Après vingt ans, enfin, je te revois!

Une telle fierté au sein de tels malheurs est faite pour nous réhabiliter dans le monde. Pour faire l'effort que la France fait dans ces circonstances, il faut non-seulement des ressources extraordinaires, il faut aussi cette merveilleuse élasticité de caractère qui nous permet parfois de franchir d'un bond les passes les plus redoutables. Si j'étais un ennemi de la France, ce spectacle me remplirait de respect. Enfant de la

France, il me rend aussi fier pour mon pays que je l'étais peu pendant le dernier règne. La défense si allégrement héroïque de Paris nous console déjà de bien des revers, parce que, cette fois-ci du moins, l'honneur est sauf.

J'ignore naturellement quelles épreuves nous sont réservées, quels maux nous infligeront encore ces ennemis qui ont sur nous de si énormes avantages. Mais j'aime mieux cette résistance désespérée, insensée peut-être, que la soumission des premiers jours. J'oserai dire même que cette résistance est plus importante encore que la victoire, ou, si l'on veut, que la grande condition de relèvement pour nous, c'est le moins encore succès que l'effort lui-même. Il est bon, il est nécessaire que la France soutienne la lutte, qu'elle tente cet effort presque surhumain, dût-elle même être plus complétement vaincue.

Pourquoi? N'y a-t-il pas assez de sang versé? Ah! oui, il y en a assez. Une seule goutte était de trop... Honte et malheur à ceux qui ont amené ces épouvantables hécatombes. Mais, dans les circonstances données, la France doit faire tout au monde pour soutenir son honneur.

Après Sedan, le nouveau gouvernement a fait un *meá culpá* pour la France, en s'offrant à une réparation équitable que l'on déterminerait. Cette confession d'un grand tort et cette offre de réparation étaient nécessaires et dignes, parce qu'elles étaient justes... Le vainqueur, abusant de sa victoire, a proposé des conditions inacceptables. La France a dû les repousser. Après avoir été lâche pendant vingt ans sous la férule d'un maître indigne, elle ne devait pas l'être maintenant devant l'ennemi du dehors.

Violemment repliée sur elle-même, elle accepte virilement la lutte qu'on lui impose : et cette nouvelle guerre, aussi infâme qu'aucune de celles que nous ayons faites à l'Allemagne, nous devons tendre tous nos ressorts pour la soutenir le plus longtemps possible.

Est-ce par vanité? Le vainqueur qu'irrite cette résistance inattendue, le commerçant dont elle trouble les affaires, appellent vanité ce que, dans d'autres circonstances, ils appelleraient de l'héroïsme. Quant à nous, notre jugement est tout autre. Si des ennemis, fiers de succès qui sont essentiellement l'œuvre de notre gouvernement corrupteur, fiers d'avoir écrasé une nation endormie, élèvent des prétentions exorbitantes, c'est à nous de faire des sacrifices pour notre patrie. Nous avons dormi, c'est notre faute et c'est même notre crime. Sachons souffrir ; sachons payer de notre bourse, de notre temps, de notre sang aussi, suivant les circonstances, et, à force de courage, réparons, s'il se peut, nos fautes, en reconquérant l'estime que nous avions perdue. S'il faut céder en définitive, que ce ne soit qu'après avois épuisé tous les moyens de résistance.

Mais pourquoi, demandons-nous encore, pourquoi continuer cette lutte à outrance ? Pourquoi ce duel acharné entre deux peuples ? Vaut-il la peine de faire verser tant de sang pour essayer de nous montrer égaux ou supérieurs aux Allemands en force militaire ?

Il ne s'agit de rien de semblable. Le sang humain est chose trop sacrée pour qu'on le répande sans nécessité dans de vaines compétitions d'amourpropre.

Le caractère de la guerre est changé du tout au tout depuis Sedan. Les rôles sont intervertis. Au commencement, la France représentait l'injustice, l'arbitraire, et par conséquent la barbarie. L'Allemage était dans son droit, et de Kœnigsberg à Munich, le tressaillement a été celui d'un grand peuple jaloux de sauvegarder sa dignité. Toute l'Europe était et devait être pour elle — sauf réserve, toujours, pour les manœuvres souterraines de M. de Bismark. Si, après Sedan, elle s'était montrée grande et généreuse, son rôle eût été de toute beauté, elle sortait sans tache de l'épreuve, avec tous les honneurs de la guerre et de la paix.

Elle ne l'a pas voulu.

Aujourd'hui le beau rôle est pour nous. Pour continuer cette horrible guerre, les troupes allemandes sont obligées de recourir à des moyens atroces Le patriotisme est imputé à crime. Nos paysans, ont l'alternative ou de n'offrir aucune résistance, auquel cas on les accuse de manquer de patriotisme, ou de résister, et alors on les traite comme des bandits. Bien plus, un de leurs chefs n'a pas eu honte de déclarer que, à défaut des coupables, on fusillerait des innocents. Et cette déclaration n'a été que trop exécutée Oh! les révélations qui suivront la guerre! En attendant, les feuilles allemandes commencent à trouver elles-mêmes que les chefs ont parfois commis des actes de férocité que rien ne justifiait. Et les meneurs ne s'aperçoivent pas qu'ils appellent sur le nom allemand, par cette atroce conduite, la déconsidération de toute l'Europe.

XII

La France pourrait acheter la fin de ces maux,
mais par une indignité. Et ici nous touchons à la
véritable raison qui justifie sa résistance. Elle est
dans la nature des conditions qu'on lui propose.
On veut la déchirer, on veut lui enlever deux de
ses provinces. Elle répond : Vous pourrez bien
m'arracher mes enfants par la violence, mais vous
n'y aurez pas mon consentement. La France ne
tient pas marché de chair humaine. Les millions
d'hommes de ces industrieuses provinces ont des
droits. Ils seront ce qu'ils veulent être, je ne puis

ni ne veux vous les céder comme je céderais du bétail. Et avant de vous donner même un semblant de consentement par la signature d'un traité, il faudra que vous m'ayez égorgée, laissée sur le carreau sans force et sans vie.

Ce grand principe, qui est à la base du droit moderne, qu'une population doit être consultée lorsqu'il s'agit de son sort, est méconnu par la Prusse de la manière la plus outrageuse. Du moins, la France, même la France impériale, quand elle a annexé Nice et la Savoie, a rendu hommage aux principes en demandant à ces provinces ce qu'il leur convenait d'être. Que cette manifestation elle-même ait été gangrenée par le mensonge qui infectait tous les actes du gouvernement, c'est probable : mais l'hommage n'en était pas moins rendu aux principes. Et il faut que l'Allemagne, « la vertueuse, l'honnête Allemagne, » vienne aujourd'hui représenter dans le monde le principe de la force dans ce qu'il a de plus brutal! Cela est dans l'ordre, une fois qu'on l'a vue se traîner à la remorque d'un homme qui a ouvertement déclaré qu'il n'avait aucun souci du droit.

Qui sait même? Comme les maîtres de l'Allemagne ne mettent pas leurs peuples dans tous leurs secrets, peut-être seraient-ils bien fâchés de consulter les provinces qu'ils veulent annexer. C'est là un principe révolutionnaire: Le principe divin, au contraire, est, pour un roi, de prendre tout ce qu'il juge à propos de prendre. Son droit ne couvre-t-il pas tout?

Les Allemands, enivrés de gloire et de vengeance, appuient leur opinion sur des raisons spécieuses, et sur des sophismes évidents.

Nous faisons, disent-ils, ce qu'eût fait l'empereur victorieux. Il eût conquis, nous conquérons.

Oui bien, mais vous oubliez que cette conquête eût été criminelle, et que, par conséquent, elle ne peut rien légitimer.

Nous ne faisons, ajoutent-ils, que reprendre ce qu'on nous a volé; notre œuvre est une œuvre de réparation, de réclamation.

Personne né peut justifier l'annexion, ou, pour parler le langage du temps, plus brutal et plus vrai, la prise de Strasbourg par Louis XIV. Messieurs les rois ne sont guère gênés pour les vols à main armée. Toutefois, il n'y a pas de comparaison à établir entre les deux faits.

Il n'y avait point d'Allemagne alors; il y a une France aujourd'hui. Entre les Etats qui composaient ce qu'est l'Allemagne aujourd'hui, il n'y avait, à cette époque, aucune cohésion. Le saint empire ne recevait aucune blessure organique quand cette province en fut détachée.

La France, au contraire, forme une unité si compacte qu'on ne peut pas l'entamer sur un point sans que tout le corps social en souffre.

Au surplus, la question n'est pas là. M. de Bismark la ramène brutalement à une question de territoire. Ce serait bien s'il n'y avait sur ce territoire des êtres humains; mais ces êtres humains de plus ou de moins, c'est toute la question.

« Ils auront de grands avantages à être Allemands. » Ce n'est un malheur pour personne d'être Allemand, excepté pour ceux qui le seraient malgré eux. Demandez-leur ce qu'ils veulent être; ils sont d'âge à répondre. Peignez-leur les malheurs qui attendent ces pauvres races latines, l'avenir de décadence qui leur est réservé, la gloire qui attend l'Allemagne bismarkisée, et puis laissez-leur le choix. Si, après deux siècles, pendant lesquels elles ont confondu leurs destinées avec les nôtres, la France n'a pas pu se faire aimer de ces deux provinces, qu'elles fassent retour à l'Allemagne, ce sera justice de toute manière. Mais, si elles sont françaises de cœur, de quel droit faire violence à leurs sentiments? De quel droit faire, en plein xive siècle, une espèce de partage de la Pologne ?

Si les provinces actuellement occupées opinaient pour l'Allemagne, nous n'aurions qu'à nous incliner devant leur choix, en le respectant. Mais si l'on veut prendre les Vosges pour frontières, malgré la France et malgré l'Alsace, que l'on prenne garde. Ce ne sont pas ces belles montagnes qui feront entre les deux pays la séparation la plus funeste. — L'Allemagne vient de montrer qu'elle n'a rien à craindre de personne : toutefois elle ne doit pas, plus que nous, tenir à vivre dans une constante insécurité. Qu'elle s'abstienne donc d'allumer dans le cœur de la France une haine qui pourrait tôt ou tard lui faire le plus grand mal. Du haut de ces montagnes que la violence nous aurait enlevées, personne ne sait quels feux de vengeance pourraient tomber un jour sur le pays des conquérants.

Encore ces perspectives de guerres possibles ne sont-elles rien, comparées à l'affreux malheur des haines qu'une telle politique attise entre les deux pays. La France a besoin de l'Allemagne au moins autant que l'Allemagne de la France. Et ce sont les Allemands qui veulent élever sur les Vosges une muraille de haine qui ira de la terre au ciel !

Qu'ils cessent alors de parler de notre décadence, lorsqu'ils entrent eux-mêmes dans la voie qui nous a perdus, lorsqu'ils donnent à la politique cynique de leur maître une approbation aussi criminelle que celle que la France a donnée à Napoléon. La force, le droit de la force, voilà le culte qu'on lui propose et qu'on lui a fait accepter.

Nous savons, quant à nous, ce qu'il en coûte de mal faire, d'abandonner les principes pour suivre des convoitises.

La France est aujourd'hni dans le vrai. Elle représente le droit des nations, tandis que l'Allemagne, entraînée hors de sa voie naturelle par quelques hommes sans scrupules, représente la violence avec tous ses excès. Voilà le secret de la résistance prolongée de la France. Son rôle a été assez longtemps misérable. A l'instant où elle reprend conscience d'elle-même, elle se trouve debout au poste d'honneur. Je suis heureux de lui voir cette attitude, que lui commandent en effet l'honneur et la justice.

Si onéreuse que puisse être la défense donc, qu'elle la continue, qu'elle lutte jusqu'à la limite de ses forces. Elle est accablée, mais elle est en ce moment le champion du droit. Elle représente aussi grandement que les circonstances le lui permettent la dignité de la vie politique, tandis que les feuilles allemandes sont empreintes d'un féti- chisme monarchique véritablement honteux : le roi d'abord, la patrie ensuite. Cela promet.

Quand donc la France devrait succomber sous l'effort, elle serait, dans ses revers, plus grande que la puissance qui l'écraserait. Celle-ci, dans le triomphe de la force et de l'intelligence militaire, ne représente dans cette nouvelle phase de la guerre que la barbarie habillée en civilisation.

Nous n'en dirions pas autant si on s'était con- tenté de demander le démantèlement des forte- resses. Nous devons dire, avec notre courte vue de politique d'occasion, que nous aurions donné un consentement immédiat à une demande qui nous paraissait raisonnable, et que beaucoup de consi- dérations justifiaient.

Ces forteresses étaient à la France : c'était son argent, c'étaient ses pensées de guerre, elle pouvait les abandonner. Mais on lui a demandé le sacrifice d'une chose qui ne lui appartient pas, du droit d'un million d'hommes. Cette demande excessive a évoqué avec puissance les énergies qui sommeil- laient depuis longtemps dans le cœur de la nation. Le relèvement sera magnifique s'il continue comme il a commencé.

Nous ne voulons pas nous faire illusion à cet
égard. Le mal était profond et de longue date, et
il n'est pas de ceux qui se guérissent complétement au son du canon. Il y faut la persévérance
et les épreuves de la paix. Les désastres qui nous
accablent aujourd'hui sont dans la logique de notre
histoire. Ils sont, pour qui sait bien lire, la conséquence de certains défauts profondément enra-
cinés dans notre caractère. Mais nous avons tout
ce qu'il faut pour nous relever. Au lieu de chercher cette gloire malsaine dont Napoléon Ier nous
a empoisonnés, mettons-nous au travail, au travail
honnête de la tête et des bras : étudions les problèmes du jour, et persuadons-nous bien qu'il n'y
a pas de bonheur sans dignité, pas de dignité sans
liberté, et pas de liberté sans respect de la justice
et de la loi morale.

France, France, « terre des braves, » terre des
nobles ardeurs et des généreux enthousiasmes, où
la grâce ne dérobe rien à l'énergie, où la vaillance
la plus mâle donne la main à la délicatesse la plus
féminine, tu as la première tenté les redoutables
aventures de la démocratie et de la liberté. Et si
dans cette voie où tu as commis tant d'erreurs et
reçu tant de blessures, tu fléchis parfois sous un
fardeau qu'aucune nation ne porte comme toi, tes

enfants ne douteront pourtant pas de toi. Tu as voulu de grandes choses, et tu en voudras de plus grandes encore. Bande tes plaies, les plaies que t'a faites l'infâme pendant ton sommeil. Sors de ce baptême de sang et de douleur, régénérée, renouvelée, plus radieuse que jamais. Au fond de cet abîme de maux où l'on t'a plongée, retrouve cette couronne de dignité que tu avais perdue. Avec ton génie communicatif et sympathique, et la force d'expansion de tes idées, tu reprendras bientôt un rôle conforme à ta nature, et le monde qui s'étonnait de ton absence te reconnaîtra bientôt aux pulsations de ton grand cœur !

www.ingramcontent.com/pod-product-compliance
Lightning Source LLC
Chambersburg PA
CBHW061251060726
47596CB00002B/543